Schott Piano Classics

Friedrich Burgmüller
1806 – 1874

25 leichte Etüden

25 Studies
25 Études

für Klavier
for Piano
pour piano

opus 100

Herausgegeben von / Edited by / Edité par
Monika Twelsiek

ED 173
ISMN 979-0-001-03110-3

www.schott-music.com

Mainz · London · Berlin · Madrid · New York · Paris · Prague · Tokyo · Toronto

Inhalt / Contents / Contenu

1. La candeur / Offenheit / Candour 6
2. L'arabesque / Arabeske / Arabesque 7
3. La pastorale / Hirtenmusik / Pastoral 8
4. La petite réunion / Die kleine Versammlung / The Little Meeting 9
5. Innocence / Unbefangenheit / Innocence 10
6. Progrès / Fortschritt / Progress 11
7. Le courant limpide / Der klare Bach / The Limpid Stream 12
8. La gracieuse / Die Anmutige / The Graceful Girl 13
9. La chasse / Die Jagd / The Hunt 14
10. Tendre fleur / Zarte Blume / The Tender Flower 16
11. La bergeronnette / Die Bachstelze / The Wagtail 17
12. L'adieu / Der Abschied / Farewell 18
13. Consolation / Trost / Consolation 20
14. La Styrienne / Steirischer Tanz / Styrian Dance 21
15. Ballade / Ballade / Ballad 22
16. Douce plainte / Leise Klage / Soft Lament 24
17. La babillarde / Die Tratschtante / The Gossip 25
18. Inquiétude / Unruhe / Anxiety 26
19. Ave Maria 27
20. La tarantelle / Tarantella / Tarantella 28
21. L'harmonie des anges /Engelsklänge / Angelic Harmonies 30
22. Barcarolle / Gondellied / Gondolier's Song 32
23. Le retour / Das Wiedersehen / The Return 34
24. L'hirondelle / Die Schwalbe / The Swallow 36
25. La chavaleresque / Reiterstück / Music For A Cavalier 38

Vorwort

Friedrich (Frédéric) Burgmüller wurde 1806 in Regensburg geboren. Er wuchs in Düsseldorf auf, wo sein Vater August Burgmüller die renommierte Stelle als Städtischer Musikdirektor innehatte. Nach dem Tod des Vaters bewarb sich Friedrich vergeblich um die Nachfolge und verließ – im Alter von zwanzig Jahren – enttäuscht Düsseldorf, um nach Basel zu ziehen, wo er als Cellist und Pianist und als Musiklehrer wirkte. 1834 wandte er sich nach Paris und unterrichtete dort – sehr erfolgreich und zu stattlichen Honoraren – zahlreiche Schülerinnen und Schüler, darunter angeblich sogar die Kinder des Bürgerkönigs Louis Philippe. Ab 1855 zog sich Burgmüller auf seinen Sommersitz in Beaulieu bei Fontainebleau zurück und starb dort – unverheiratet – im Jahre 1874.

Obwohl sehr publicityscheu und immer ein wenig im Schatten seines begabten jüngeren Bruders Norbert, hatte Friedrich Burgmüller als Komponist durchaus ernsthafte Ambitionen. Er schrieb unter anderem Werke für Cello und Klavier, Lieder, eine Ballettmusik und hatte großen Erfolg mit den „Rêveries fantastiques" op. 41, die er Liszt zueignete, und die von Robert Schumann gelobt wurden. Unsterblich jedoch wurde er durch seine pädagogischen Werke: die drei – um 1850 erschienenen – Etüdensammlungen op. 100, op. 105 und op. 109 für Klavier, unter denen die Etüden op. 100 mit ihrer weltweiten Popularität einen besonderen Stellenwert einnehmen.

Das Geheimnis dieser Popularität ist leicht zu ergründen. Da Burgmüllers Etüden
· durch poetische Titel die Fantasie anregen und die Gefühle ansprechen,
· durch klare technische Ziele Schülern Lust an Bewegung machen,
· in ihrer Länge auch für junge Spieler überschaubar und gut zu bewältigen sind,
· als kleine Bravourstücke jedes Konzert bereichern,
eignen sie sich als Unterrichtsliteratur für Kinder und Jugendliche in idealer Weise. Als poetischer Zyklus bilden die 25 Stücke einen Mikrokosmos, in dem typische Formen und Themen der Romantik en miniature enthalten sind. Eine Übersicht möge die Vielfalt der Sammlung deutlich machen:

Musikalische Gattungen:
Arabeske (Nr. 2), Pastorale (Nr. 3), Walzer (Nr. 14), Ballade (Nr. 15), Klagelied (Nr. 16),
Choral (Nr. 19), Tarantella (Nr. 20), Barkarole (Nr. 22), Präludium (Nrn. 21 und 24), Reiterstück (Nr. 25)

Naturbilder:
Hirtenmusik (Nr. 3), Der klare Bach (Nr. 7), Zarte Blume (Nr. 10),
Die Bachstelze (Nr. 11), Die Schwalbe (Nr. 24)

Stimmungen:
Offenheit (Nr. 1), Unbefangenheit (Nr. 5), Unruhe (Nr. 18)

Erlebnisse:
Die kleine Versammlung (Nr. 4), Die Jagd (Nr. 9), Der Abschied (Nr. 12),
Trost (Nr. 13), Leise Klage (Nr. 16), Das Wiedersehen (23)

Mädchenportraits:
Die Anmutige (Nr. 8), Die Tratschtante (Nr. 17)

Außerirdisches:
Ave Maria (Nr. 19), Engelsklänge (Nr. 21)

Als technisches Kompendium bietet die Sammlung einen hervorragenden Einstieg in die Welt der klassisch-romantischen Pianistik. Eine Katalogisierung der Etüden nach musikalisch-technischen Zielen offenbart ein klares pädagogisches Konzept:

Figuren mit Lagenwechseln:
1, 2, 5, 8, 11, 12, 18, 20,

Tonleitern:
6, 25

Verzierungen:
Vorschläge, Doppelschläge, Triller:
3, 8, 13, 14

Repetitionen:
5, 17, 20, 23

Alternieren der Hände:
18, 21, 24

Schüttelbewegung:
16

Akkordbrechungen:
7, 10, 11, 21, 24

Doppelgriffe:
Terzen, Sexten, Kombinationen:
4, 9, 14, 25

Oktaven:
9, 23

Akkordspiel:
9, 15, 18, 19, 22

Zweistimmigkeit in einer Hand:
7, 13

cantables Spiel:
3, 10, 16, 19, 22,

Melodie in der linken Hand:
4, 7, 9, 15,

Pedal:
3, 7, 16, 19, 21, 22, 24

Beide Aspekte – poetische Idee und technische Aufgabe – klar zu erfassen, im Idealfall aber zusammen zu sehen und auseinander zu entwickeln, ist Aufgabe einer gelingenden Interpretation. In ihrer klassischen Ausgewogenheit von durchdachtem pädagogischem Konzept und fantasievoller künstlerischer Anregung tragen Burgmüllers Etüden in faszinierender Weise dazu bei, dass „Technik" im kreativen Zusammenspiel von Geist, Seele, Körper und Instrument als künstlerische Aussage gelingt.

Monika Twelsiek

Preface

Friedrich (Frédéric) Burgmüller was born in Regensburg in 1806. He grew up in Düsseldorf, where his father August Burgmüller held the honoured position of Civic Director of Music. After his father's death Friedrich applied unsuccessfully to succeed him in the post and at the age of twenty he left Düsseldorf in disappointment and moved to Basel, where he worked as a cellist, pianist and music teacher. In 1834 he moved to Paris where he established himself as a very successful teacher, charging considerable fees: his many pupils are even said to have included the children of King Louis Philippe. From 1855 Burgmüller retired to his summer residence in Beaulieu near Fontainebleau and died there – unmarried – in 1874.

Although very shy of publicity and always somewhat overshadowed by his gifted younger brother Norbert, Friedrich Burgmüller had very serious ambitions as a composer. He wrote works for cello and piano, songs, ballet music and the highly successful *"Rêveries fantastiques"* Op. 41, which he dedicated to Liszt and which were praised by Robert Schumann. His lasting legacy, however, was the music he wrote for teaching purposes: three collections of studies for piano, published in about 1850, Op. 100, Op. 105 and Op. 109. Of these, the Studies Op. 100 are particularly well known and have achieved worldwide popularity.

The secret of their popularity is simple. Burgmüller's Studies
· have poetic titles that fire the imagination and appeal to the emotions
· have clear technical goals which appeal to students
· are short enough to be manageable even for younger players
· are little showpieces that will enrich any concert
and are thus ideally suited as teaching material for children and young people. As a poetic cycle the 25 pieces form a microcosm that displays the typical forms and themes of the Romantic period in miniature form. An overview will demonstrate the range within this collection:

Musical genres:
Arabesque (No. 2), Pastorale (No. 3), Waltz (No. 14), Ballad (No. 15), Lament (No. 16), Chorale (No. 19),
Tarantella (No. 20), Barcarolle (No. 22), Prelude (Nos. 21 and 24), Chavaleresque (No. 25)
Scenes from Nature:
Pastoral (No. 3), The Limpid Stream (No. 7), The Tender Flower (No. 10),
The Wagtail (No. 11), The Swallow (No. 24)
Mood pieces:
Candour (No. 1), Innocence (No. 5), Anxiety (No. 18)
Events:
The Little Meeting (No. 4), The Hunt (No. 9), Farewell (No. 12), Consolation (No. 13),
Soft Lament (No. 16), The Return (No. 23)
Portraits of women:
The Graceful Girl (No. 8), The Gossip (No. 17)
The supernatural:
Ave Maria (No. 19), Angelic Voices (No. 21)

As a technical compendium this collection offers an excellent introduction to the world of Classical and Romantic piano music. If the studies are catalogued according to their musical and technical objectives a clear teaching plan emerges:

Figures played in varying registers:
1, 2, 5, 8, 11, 12, 18, 20
Scales:
6, 25
Ornaments: grace notes, turns, trills:
3, 8, 13, 14
Repetitions:
5, 17, 20, 23
Alternating the hands:
18, 21, 24
Shaking movement (wrist):
16
Broken chords:
7, 10, 11, 21, 24

Playing in thirds, sixths, combinations:
4, 9, 14, 25
Octaves:
9, 23
Playing chords:
9, 15, 18, 19, 22
Playing two parts with one hand:
7, 13
Cantabile playing:
3, 10, 16, 19, 22
Melody in the left hand:
4, 7, 9, 15
Using the pedal:
3, 7, 16, 19, 21, 22, 24

A successful interpretation should show a clear grasp of both the poetic idea and the technical challenge – and ideally see them as intertwined, developing out of one another. With their classical balance of clearly thought-out teaching aims combined with the spark of imaginative artistry, Burgmüller's Studies make a fascinating contribution towards establishing "technique" as an aspect of artistic expression in the creative interplay of mind, spirit, body and instrument.

Monika Twelsiek
English translation Julia Rushworth

Préface

Friedrich (Frédéric) Burgmüller est né en 1806 à Ratisbonne. Il passa son enfance à Düsseldorf, où son père, August Burgmüller, occupait le poste renommé de Directeur municipal de la musique. A la mort de ce dernier, c'est en vain que Friedrich posa sa candidature pour lui succéder. Déçu, il quitta Düsseldorf à l'âge de vingt ans pour s'installer à Bâle, où il travailla en tant que violoncelliste, pianiste, et professeur de musique. En 1834, il se tourna vers Paris, où il donna des cours – avec un grand succès et à des honoraires considérables – à de nombreux élèves, dont également, dit-on, les enfants du roi-citoyen Louis-Philippe. A partir de 1855, Burgmüller se retira dans sa résidence d'été de Beaulieu, près de Fontainebleau, où il mourut – célibataire – en 1874.

Bien que fuyant la célébrité et toujours un peu dans l'ombre de son talentueux frère cadet Norbert, Friedrich Burgmüller avait en tant que compositeur des ambitions tout à fait sérieuses. Il écrivit entre autres des œuvres pour violoncelle et piano, des lieder, un ballet, et connut un grand succès avec les *Rêveries fantastiques* op. 41, que Liszt s'appropria et qui furent louées par Robert Schumann. C'est cependant par ses œuvres pédagogiques qu'il devint immortel : les trois recueils d'études pour piano op. 100, op. 105 et op. 109, parus en 1850, parmi lesquels les études op. 100, populaires dans le monde entier, prennent une importance toute particulière.

Le secret de cette popularité est facile à comprendre. Les études de Burgmüller
· stimulent l'imagination par leurs titres poétiques, et interpellent les sentiments,
· par leurs objectifs techniques clairement définis, donnent envie aux élèves de bouger,
· sont de longueur raisonnable même pour les jeunes interprètes, et peuvent donc être bien maîtrisées,
· sont des petits morceaux virtuoses qui enrichissent n'importe quel concert,
et elles sont donc la littérature pédagogique idéale pour les enfants et les jeunes.

Cycle poétique, ces 25 pièces constituent un microcosme, renfermant en miniature des formes et thèmes typiques du romantisme. Un groupement sommaire permet de mettre en relief l'immense variété du recueil :

Genres musicaux :
arabesque (n° 2), pastorale (n° 3), valse (n° 14), ballade (n° 15), complainte
(n° 16), choral (n° 19), tarantelle (n° 20), barcarolle (n° 22), prélude (n° 21 et 24), chevaleresque (n° 25)
Tableaux :
La pastorale (n° 3), Le courant limpide (n° 7), Tendre fleur (n° 10), La Bergeronnette (n° 11), L'hirondelle (n° 24)
Ambiances :
La candeur (n° 1), Innocence (n° 5), Inquiétude (n° 18)
Evénements :
La petite réunion (n° 4), La chasse (n° 9), L'adieu (n°12), Consolation (n° 13), Douce plainte (n° 16), Le retour (n° 23)
Portraits de jeunes filles :
La gracieuse (n° 8), La babillarde (n° 17)
Extraterrestre :
Ave Maria (n° 19), L'harmonie des anges (n° 21)

Abrégé technique, ce recueil constitue une excellente introduction au monde du piano classique romantique. Un catalogage des études en fonction de leurs objectifs musicaux techniques dégage un concept pédagogique clair :

Figures avec changement de position :
1, 2, 5, 8, 11, 12, 18, 20
Gammes :
6, 25
Ornements :
appoggiatures, appoggiatures doubles, trilles :
3, 8, 13, 14
Répétition :
5, 17, 20, 23
Alternance des mains :
18, 21, 24
Mouvement d'agitation :
16
Accords brisés :
7, 10, 11, 21, 24

Doubles :
tierces, sixtes, combinaisons :
4, 9, 14, 25
octaves:
9, 23
Jeu en accords pleins :
9, 15, 18, 19, 22
Deux voix sur une main :
7, 13
Jeu cantabile :
3, 10, 16, 19, 22
Mélodie à la main gauche :
4, 7, 9, 15
Pédale :
3, 7, 16, 19, 21, 22, 24

Saisir clairement ces deux aspects – l'idée poétique et le travail technique –, et, dans le cas de figure idéal, les voir ensemble et les développer l'un par rapport à l'autre, tel sera le défi d'une interprétation réussie. Dans leur équilibre classique entre concept pédagogique bien pensé et incitation artistique imaginative, les études de Burgmüller contribuent de manière fascinante à ce que la «technique» réussisse sous forme d'expression artistique dans le jeu créatif commun de l'esprit, de l'âme et du corps.

Monika Twelsiek
Traduction : Martine Paulauskas

25 Etüden op. 100

La candeur
Offenheit · Candour

Friedrich Burgmüller
1806 – 1874

Allegro moderato (♩ = 152)*)

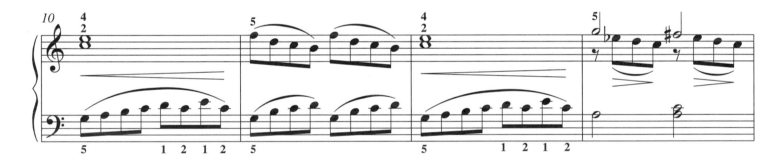

*) Metronomangaben der nach Erstausgabe / Metronome marking from the First Edition

© 2006 Schott Music GmbH & Co. KG, Mainz

L'arabesque
Arabeske · Arabesque

Allegro scherzando (♩ = 152)

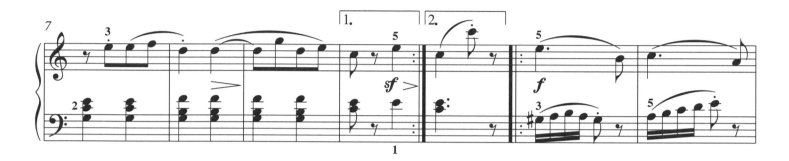

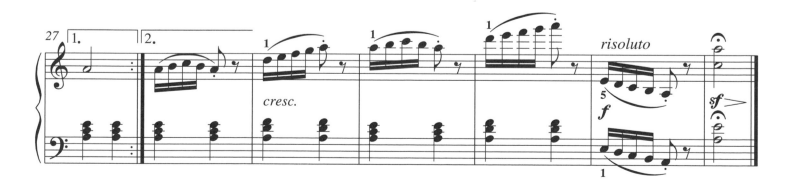

La pastorale
Hirtenmusik · Pastoral

Andantino (♩. = 66)

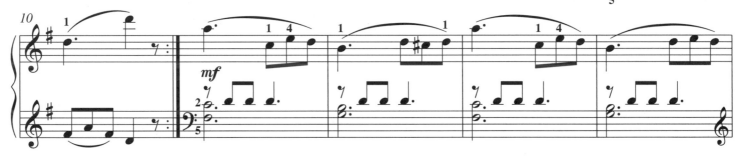

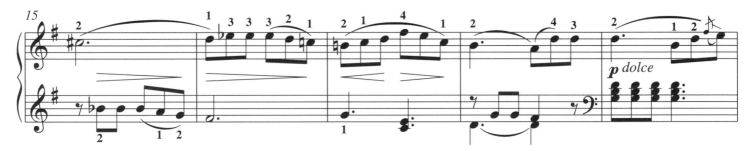

La petite réunion
Die kleine Versammlung · The little meeting

Innocence
Unbefangenheit · Innocence

5

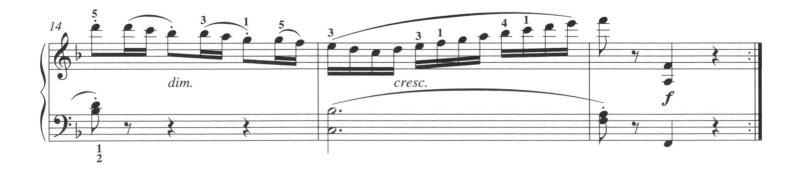

Progrès
Fortschritt · Progress

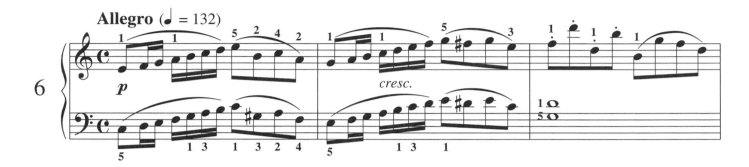

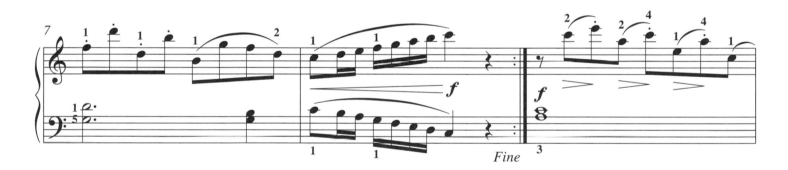

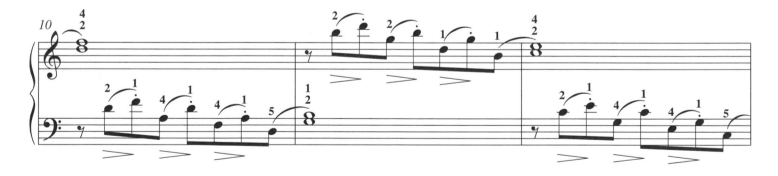

D. C. al Fine

Le courant limpide
Der klare Bach · The Limpid Stream

Allegro vivace (♩ = 176)

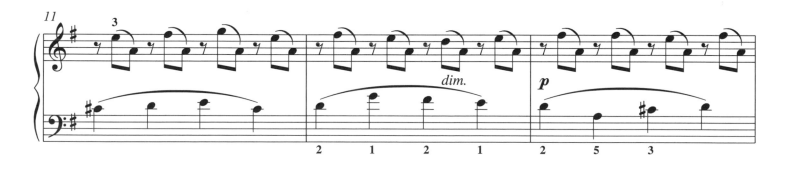

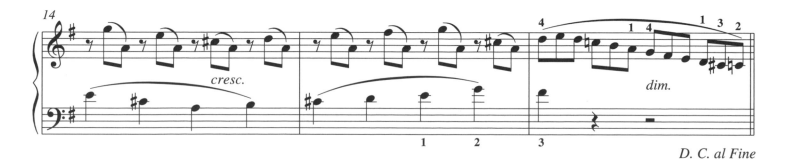

D. C. al Fine

La gracieuse
Die Anmutige · The Graceful Girl

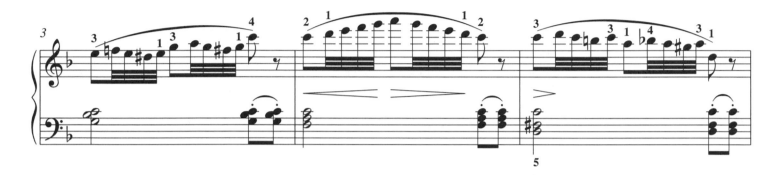

Fine

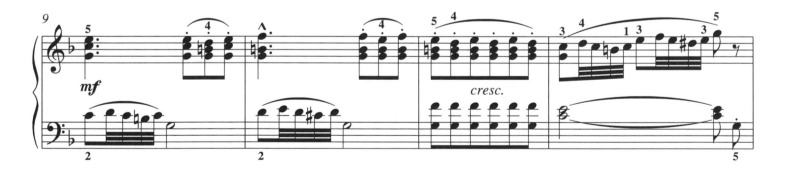

D. C. al Fine

14

La chasse
Die Jagd · The Hunt

Allegro vivace (♩. = 132)

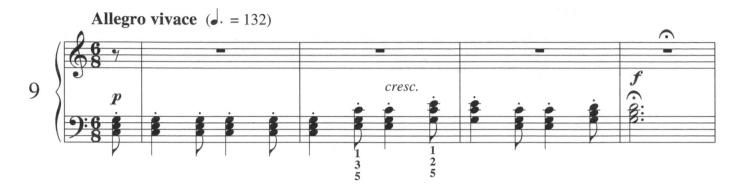

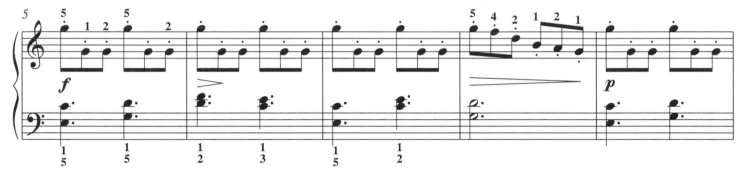

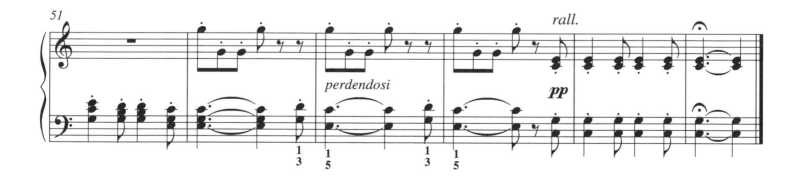

Tendre fleur
Zarte Blume · The Tender Flower

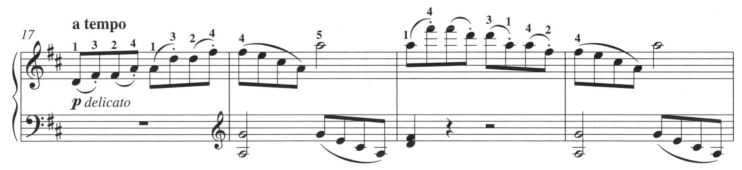

La bergeronnette
Die Bachstelze · The Wagtail

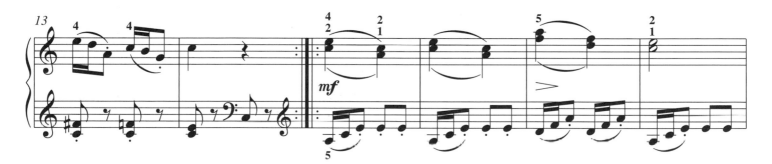

L'adieu
Der Abschied · Farewell

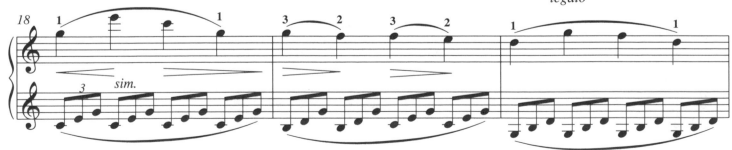

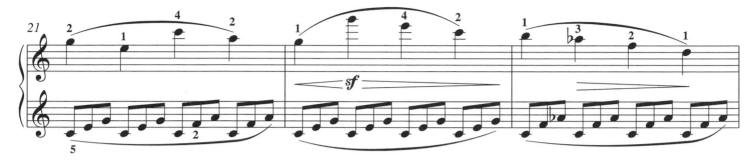

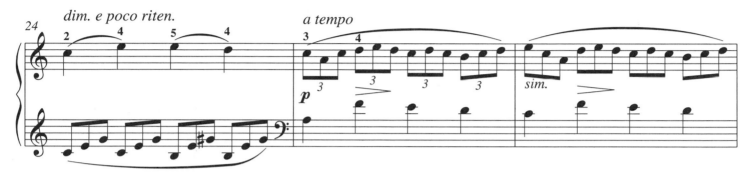

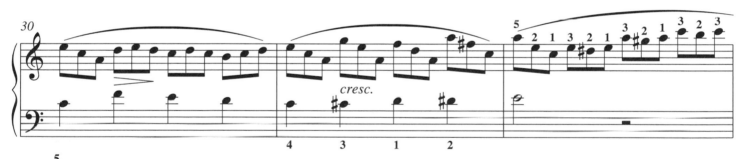

Consolation
Trost · Consolation

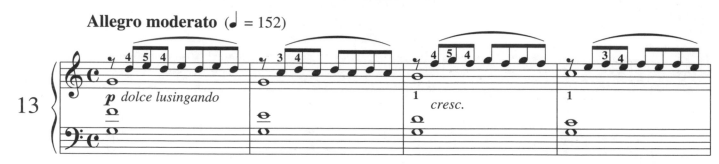

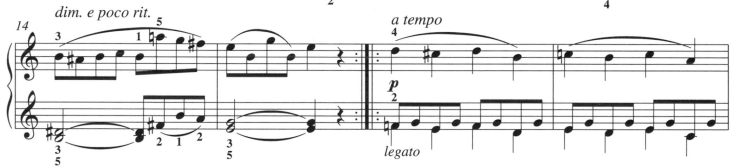

La Styrienne
Steirischer Tanz · Styrian Dance

Mouvement de valse (♩ = 176)

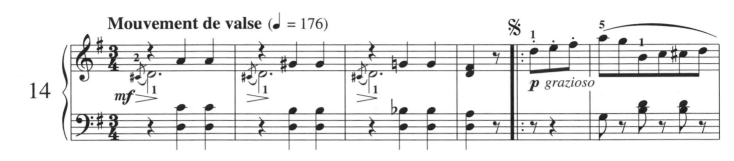

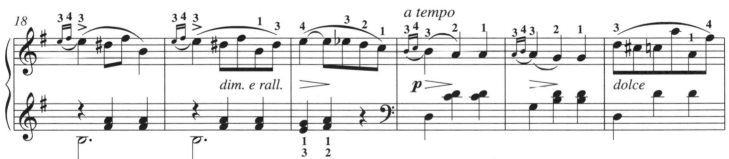

Dal segno al fine

Ballade
Ballade · Ballad

Allegro con brio (♩. = 104)

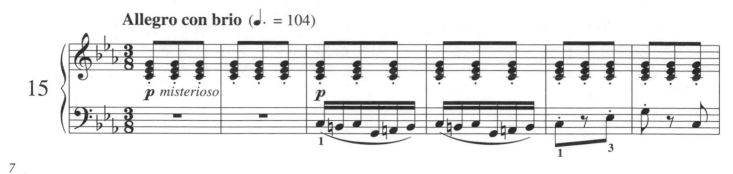

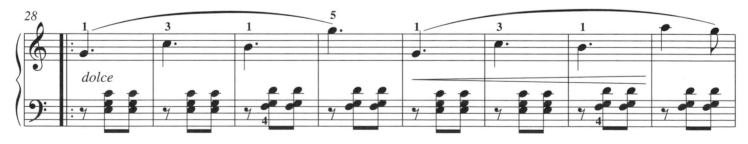

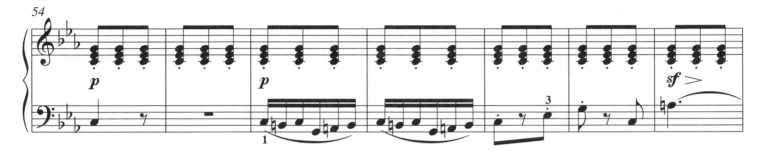

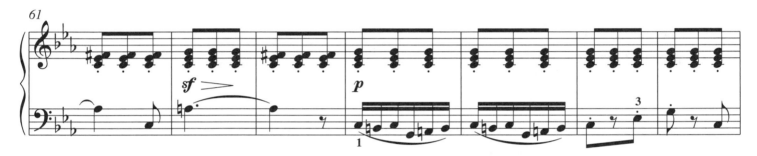

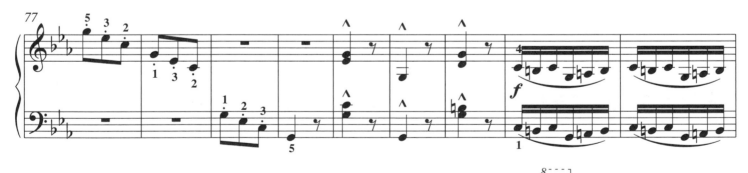

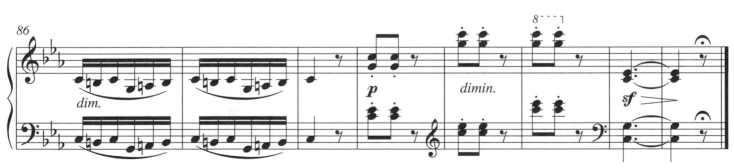

Douce plainte
Leise Klage · Soft Lament

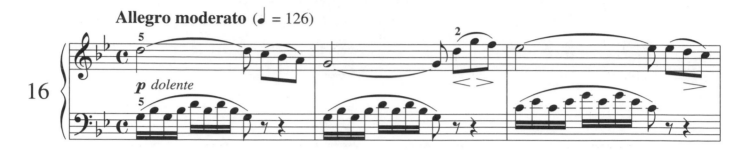

La babillarde
Die Tratschtante · The Gossip

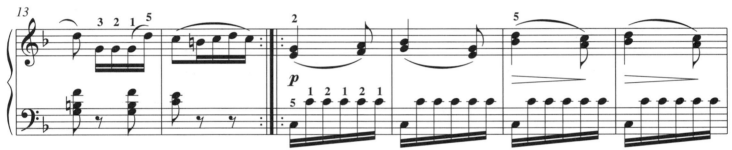

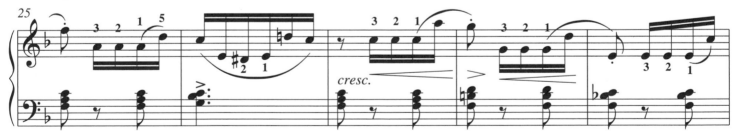

Inquiétude
Unruhe · Anxiety

Allegro agitato (♩ = 138)

18

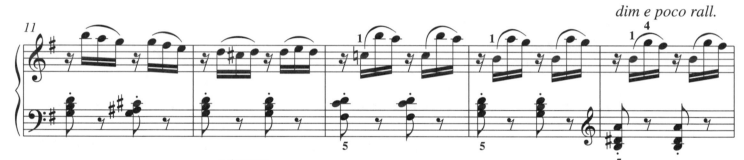

dim e poco rall.

a tempo

Ave Maria

La tarantelle
Tarantella · Tarantella

Allegro vivo (♩. = 160)

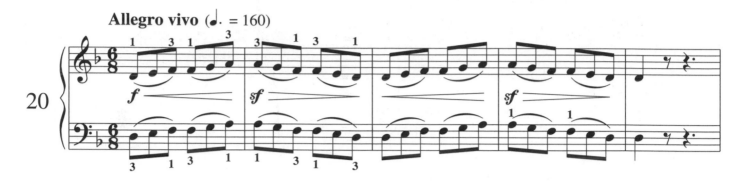

20

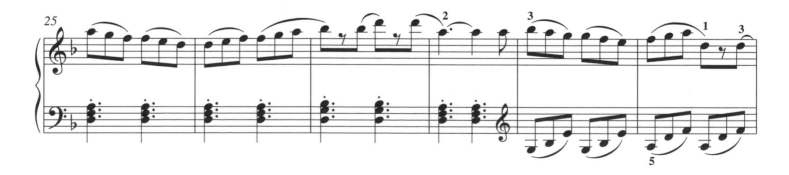

L'harmonie des anges
Engelsklänge · Angelic Harmonies

Allegro moderato ($\quad$ = 152)

21

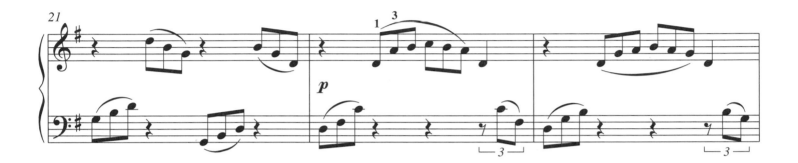

Barcarolle
Gondellied · Gondolier's Song

Andantino quasi Allegretto (♩. = 72)

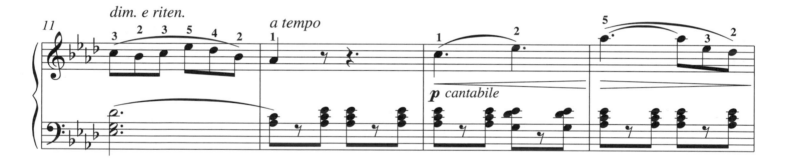

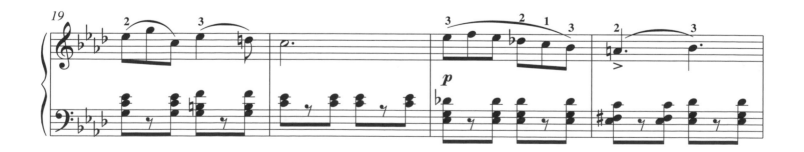

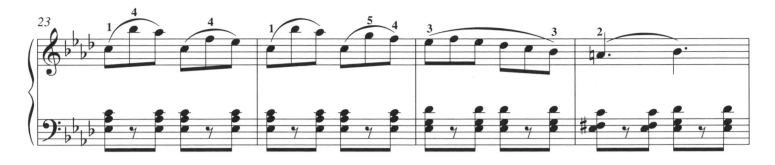

Le retour
Das Wiedersehen · The Return

Molto agitato quasi Presto (♩. = 126)

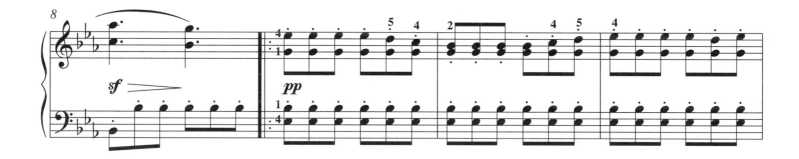

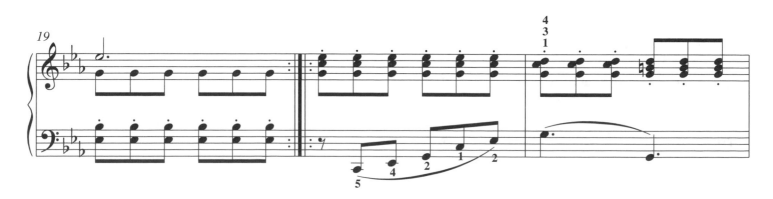

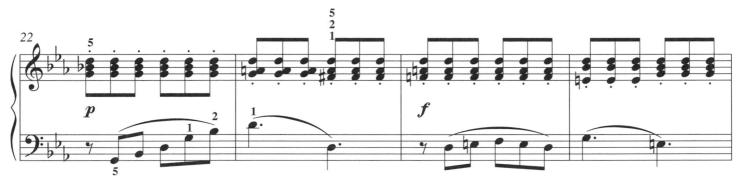

L'hirondelle
Die Schwalbe · The Swallow

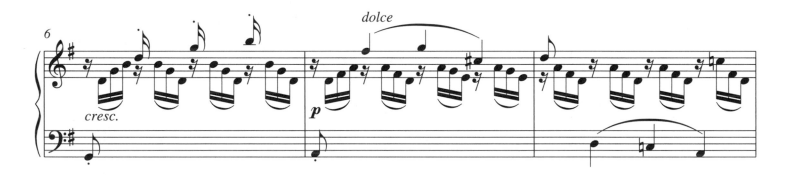

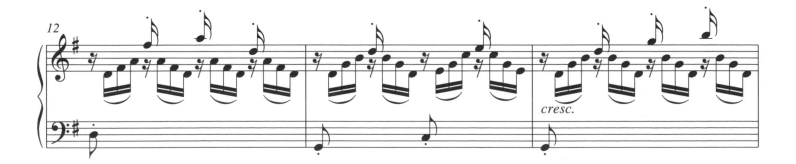

La chevaleresque
Reiterstück · Music For A Cavalier

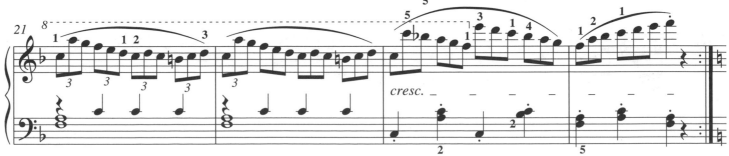

Schott Music, Mainz 27643